Jorge Torres Daudet

EN EL AMOR TODO ES POSIBLE.
TAMBIÉN EN EL DESAMOR

EDITORIAL CUADERNOS DEL LABERINTO
–COLECCIÓN ANAQUEL DE POESÍA, nº142–
MADRID • MMXXIV

El papel utilizado para la impresión de este libro, fabricado a partir de madera procedente de bosques y plantaciones sostenibles, es cien por cien libre de cloro y está clasificado como papel reciclado.

Primera edición: junio 2024

I.S.B.N: 978-84-18997-90-7
Depósito legal: M-12496-2024

Impreso en España.

www.cuadernosdelaberinto.com

*A Carmen, mi mujer, origen y motivo
de muchos de estos versos.
Con amor, respeto y gratitud.*

PRÓLOGO

POR LAURA CARO

Jorge Torres Daudet es puro amor, pura sensibilidad, pura pasión y pura poesía. El poeta reúne en esta obra una serie de poemas que, tomando el Amor como hilo conductor, le muestran tal como es. En esta antología beberás del Amor en todas sus formas: ese amor que definió Honoré de Balzac como «la poesía de los sentidos» y que Aristóteles afirmaba «estaba compuesto por un alma habitando dos cuerpos»; ese amor que se erige en «la más fuerte de las pasiones» para Voltaire y también, aunque en menor medida, ese desamor del que hablaba Lennon al decir que «el peor dolor es el de no ser querido».

La Mujer, musa indiscutible de gran parte de su obra, es sin duda la destinataria natural de la mayor parte de los versos de esta publicación, apareciendo como origen, canal y destino de la emoción, de la ternura, de la admiración, del deseo... «Amarte es sentir correr tu sangre por mis venas» —escribe el poeta enamorado con dolor.

Jorge desnuda parte de sus silencios y expresa la perpetuidad del amor a través de la mujer, de su entrega al otro, de su abnegación, de su maternidad, de su generosidad.

Entre tus manos tienes una poesía muy original y profundamente honesta, que el autor ha sabido gestar conjugando de una manera elegante y aparentemente sencilla elementos tan dispares como la libertad poética y la métrica clásica, la belleza y la crueldad, la desnudez de las palabras y la retórica, la sencillez y la metáfora, el romanticismo inocente y el deseo poderoso. Son poemas que no buscan artificialmente la belleza, sino que resultan bellos precisamente por su autenticidad.

Yo cogía las nubes con mis manos
y mis besos enviaba al universo.

Jorge Torres tiene, por una parte, una gran habilidad para hacer de cada uno de sus poemas un elemento único; posee, por otra, la facilidad de contar momentos en forma de poemas; y, por último, atesora la capacidad de transmitir directamente de corazón a corazón, contagiando la emoción y consiguiendo que el lector la haga suya.

Nuestro lecho, sin ti, mi amor
es un erial de incontables hectáreas.

Leer esta obra es en parte beber de la sabiduría que da la experiencia de toda una vida. Su autor nos hace partícipes de su camino vital en el amor: su esencia, sus huellas, de la necesidad de amar y ser amado, la mujer como destino y fuente del amor, la eternidad del amor verdadero, la belleza del sentimiento, la pasión que suscita, el delirio carnal, la admiración como camino, su transformación con el paso del tiempo, el dolor de la pérdida, el interrogante del reencuentro, la soledad en su ausencia, el gozo de su presencia... Pero leerla también implica contagiarse de la exquisita sensibilidad de Jorge Torres y aprender de su observación empática del entorno, que conlleva indefectiblemente al sufrimiento en carne propia de las heridas de los otros, en particular, las de las mujeres. Este recorrido intenso y extenso por los ríos del amor nos regala una invitación irresistible al disfrute de los sentidos, al paladeo del amor lúdico y al gozo de la belleza cotidiana, encarnada en la figura femenina.

La tormenta perfecta mi deseo, hecho fuego
y agua loca, embravecida. Me bebía el mar
al bucear el atrayente arco de tus muslos.

Las palabras se suceden en cada poema de un modo ágil, muy natural. Discurren como la vida misma, imparables, llenas de intensidad y detalles, con la madre Tierra —también amada y también mujer— acompañando cómplice con sus elementos a cada pequeña historia, a cada fugaz instante.

Traía aromas de verano
de rosas, de jacintos, de pinares cercanos,
de tierra aún mojada, de heno, de hierba
recién cortada.

La Luna, símbolo femenino también, aparece como elemento recurrente en la poesía de este autor, por lo que está presente en gran parte de su producción literaria, observadora o partícipe del momento que inspira el poema.

Cuando la luna te mira, eres de nieve blanda,
nacarada.

En este compendio de poesía tan completo en matices, se pueden leer versos escritos desde el amor adolescente, al amor maduro, pasando por el amor más impetuoso y absolutamente erótico; desde el amor que admira, al insaciable; del amor tierno, el lleno de determinación, al amor como hogar; del amor disfrutado, transmitido a través de los hijos, al perdido; del amor compartido al desamor.

Tu mirada me atraviesa
como si yo fuera invisible,
como si tú no me vieras.

En la primera parte del libro te deleitarás con una poesía tierna, ilusionada, fresca, con algunas alusiones mitológicas, llena de recursos poéticos que aportan un ritmo alegre, contagiando pasión y vida.

Niña, mírame a la cara
que quiero ver tus ojos, ventanales de tu alma.

Aparecen también en ella poemas que matizan todas las formas del tema principal: el goce carnal; la ausencia; la soledad; el amor no materialista, cómplice, duradero; el amor eterno; el amor que se perpetúa a través de los hijos y de la maternidad...

Soledad es pronunciar tu nombre
y no oír tu voz que me responda.

Te sorprenderán unos fugaces e interesantes haikus y un rinconcito de la infancia del autor condimentando esta parte de la antología, porque la familia también es amor y transmisora de amor: forma parte de él.

En la segunda parte, más breve y dedicada al desamor, las punzadas desfilan sutiles, clavándose una a una dentro del lector: los amaneceres fríos se confabulan con las noches oscuras, los desengaños amorosos quiebran el corazón, las miradas que atraviesan congelan el alma y la rutina se torna en silencioso verdugo mientras el amor herido y agonizante presagia las cenizas del incendio.

Muere, en silencio,
el amor que se tuvieron.

El poeta comparte aquí varios poemas que ponen de manifiesto su calidad humana (Jorge es, como diría Machado, «en el buen sentido de la palabra, bueno»), su profunda empatía y el gran sufrimiento que le genera el dolor de los demás, especialmente el de las mujeres cuando no son tratadas como debieran, dando visibilidad a esa mujer inmerecidamente rota, herida y vulnerable a pesar de su fortaleza y generosidad.

El otoño luchaba contra el precoz invierno,
perdiendo la partida.

Culminan la obra, dentro de esta segunda parte, dos poemas más metafóricos y crípticos que los anteriores, a los que cada lector sabrá dar una interpretación propia.

Poner palabras al amor no resulta tarea fácil y menos de hacerlo de manera tan impecable, sin caer en la verborrea entusiasta de las grandes vivencias, en el silencio infértil de los momentos fríos, en la trivialidad de la juventud o en la poca elegancia de los momentos más pasionales... pero Jorge Torres borda esta labor y consigue tejer unos versos maravillosos, que fluyen con facilidad y se cuelan por nuestros poros inevitablemente. Sus poemas no te dejarán indiferente, removerán tus propias vivencias y recuerdos y le pondrán letra a una parte de tu camino vital.

Espero, sinceramente, que disfrutes de su lectura tanto como yo.

Mujer, deja que te hable de *AMOR*

NOTA DEL AUTOR

No voy a definir lo que, empezando por un cruce de miradas más o menos intenso o duradero, un simple roce de manos, más o menos casual derivan en una atracción, que se va convirtiendo en pasión y desemboca en una necesidad de estar, de permanecer, de hacer vida en común.

A esa necesidad de la compañía continuada le sigue el sentimiento, ya más generoso que la atracción física, que llamamos amor.

Durante la convivencia, la pareja se ha ido conociendo más, salen a flote tanto las bondades como los defectos.

Aquellas hacen más idílico el sentimiento

Los defectos, cuando se reconocen, se justifican, se intentan aminorar y, hasta en cierto período fugaz pueden, incluso, resultar graciosos, interesantes, y lleguen a ser un acicate más para ver la vida, en común, de color rosa.

Y fruto de ese amor, casi siempre inicialmente, vienen los hijos; otro amor, distinto, desinteresado y recíproco, en el que triunfa el poder de la sangre.

Y, a consecuencia de ese amor recíproco, el amor de los hijos a sus padres, cuando éstos son mayores, cuando son los abuelos.

Son amores encadenados por la continuidad en producirse, por los que atan sus corazones, y reconocen y entienden como lo más valioso de la vida.

El amor, tan ligado a la Luna, también tiene fases: los tiempos van marcando las mareas de esas aguas, ora tranquilas, plácidas, ora turbulentas, de pasión desenfrenada, o como Luna apagada por el eclipse del desamor, pasa a la indiferencia, en las más de las ocasiones, y cada vez más frecuentemente, a un creciente rencor que va engrosándose con males de fondo, revistiéndose de un odio desmedido que, desgraciada y cobardemente, llega a la tragedia.

El ser «humano» el *Homo sapiens*, cazador y cainita, se revela así durante toda su existencia, y, al contrario que otras especies, hiere y mata a sus semejantes, fuertes o débiles, no le importa.

La mujer, su compañera, imprescindible para que la humanidad exista y crezca, no ha sido ni es ajena a la crueldad machista.

A estos actos, con demasiada frecuencia, se los juzga benévolamente como de enajenación mental, sin tener en cuenta que, para acometer esos actos, se estrujan el cerebro para ser eficaces y salir airosos ante la barbarie.

Para los que una vez que los han cometido se suicidan, no les tengamos sentimientos de piedad, pues ello es muestra de aquella consigna salvaje de morir matando, aunque sea tan cobardemente.

Traigo a este pequeño lugar los versos que, durante un corto período de mi vida, he ido trazando y publicando en mis cuatro libros anteriores a éste, que tiene VD. estimado lector, en sus manos, como muestra de la admiración que la mujer me sugiere y sobre todo, como muestra de solidaridad y reconocimiento a ella.

También, algunos, los menos, dirigidos a cuando los sentimientos de amor se desvanecen, se transforman en odio, llegando, incluso, a la misma destrucción.

JORGE TORRES

I

ES EL AMOR

Y... LLEGASTE, COLEGIALA

Vacío y soledad.
Sombras entre las sombras,
cielos sin estrellas, noches eternas,
lágrimas en la almohada.

Luz del final del túnel.

Uniforme con trenzas, carreras sin fin, risas en
cascada,
ojos, los luceros del alma.

Miradas a hurtadillas, miradas con sonrisa,
sonrisas con convite, sonrisas con tristeza
y... risas por todo, risas por nada.

Pregunta en la mirada, respuesta sin palabras;
ojos que hablan, ojos que piden, boca que sacia.

Cuerpos que se buscan,
caricias bien llegadas.
Sentimientos encontrados, sentidos latentes,
piel amada... Llegaste, colegiala.

LA LUNA NOS BESABA

Y venías, corrías, hacia mí,
cual chiquilla alocada, mojada con la lluvia,
vestida, mas... desnuda,
tus ropas desposadas con tu piel,
tus cabellos, cascadas en tu cara.

Tus pies, traviesos y desnudos,
salpicaban agua sobre agua.

Mojé tus labios con los míos,
succioné tus abiertos poros,
lo ardiente que tu cuerpo desprendía.

Las nubes se quebraban en diluvio.
La luna nos besaba.

ES EL AMOR

El amor prendió en nuestras almas,
nuestros ojos lo decían,
lo sellaban nuestros labios.

Pasaron pocos días,
nuestros cuerpos se buscaban,
se enlazaban nuestras manos.

Tú, joven, inocente,
recibías mis caricias,
como el campo la lluvia,
después de la sequía.

Fuiste mi esperanza, mi arcoíris,
aquella estrella que irradian tus ojos,
la calma, el señuelo que me atrae y que me guía.

Han pasado los años,
se extinguieron los sueños,
no el amor que disfrutamos.

MUJER, TÚ ERES POESÍA

Poesía es tu cuerpo,
está erguida tu imagen,
a tus pies tu contorneada sombra
por el lienzo del suelo,
o tendida, figura expectante, acogedora
seda... mecida por el sueño.

Rimas y leyendas son tus ojos, son faroles
encendidos de pasión, tu rostro junto al mío.
Pareados son tus labios, tu boca y mi boca,
degustando el exquisito sabor de tus besos.

Poesía es tu cabello, suelta tu melena
en pos del receloso viento,
o recogida, graciosa, en lo alto de tu cuello.

Versos son tus senos, rimando
en asonante, con los labios
que los lamen incansables, que liban en ellos
con la insaciable sed
del amante que bebe de tu cuerpo.

Versos son, también, en el albedrío perpetuo,
los vellos que acarician,
en las sombras, tu sexo, dormido o violentado
por las caricias penetrantes
que te elevan, nos elevan, al cielo.
Dos romances tus piernas, pilares del edén.

NIÑA, MÍRAME A LA CARA

Niña, mírame a la cara,
que quiero ver tus ojos, ventanales de tu alma.
No bajes las persianas negras,
no bajes tus pestañas
que quiero enviarte mi mirada
y que te llegue a las entrañas.

Niña, no vuelvas tu la cara,
que los zagales te ven
y se llevan consigo mi calma.
Eres más hermosa que el mes de mayo,
eres el más bello jardín
donde busco yo posada
para dejar, por siempre,
aparcada ya mi alma.

EL EDÉN

Recorrí tus caminos y tus fuentes,
bebí, sediento, de ellas.
Subí a tus montículos, me deslicé a tus valles,
libé en sus flores, comí de sus frutos;
encontré el edén, en
el universo joven de tu cuerpo.

RONDA A LA LUNA

Acompañabas mi vagar nocturno
saltando, graciosa, de charco en charco,
juguetona, recortada, pequeña y moruna,
jugabas al escondite entre las nubes blancas.
Mi corazón, enamorado,
brincaba a los tañidos de guitarra.

SIN PUDOR

Sin pudor proclamo mi amor al mundo,
cual si fuera joven apasionado,
si, aun anciano, estoy de ti enamorado
¿Por qué acallar mi sentir tan profundo?

Te miro con ardor en la mirada
y pido de ti el mismo sentimiento
pues, te juro, sería un sufrimiento
que no estuvieras, de mí, enamorada.

Dicen: «La pasión, los años cura»,
mas yo no creí nunca en este aserto
pues, de siempre, siento por ti locura.

Y, aun estando dormido... o despierto,
mi cuerpo vive el amor con bravura
hasta que Dios y tú me deis sustento.

¡AY, MI AMOR!

Líbrate de sucumbir a ese amor,
que dicen que no te conviene.

Si les escucharas, oirías los argumentos
que oyen todas las esquinas...

Señor, Señor! Como si el corazón
se abriera a la razón, al cálculo, a la suma...
¡Yo quiero a mi niña morena!
Y soy sordo
cuando sus labios pronuncian mi nombre,
y soy ciego
cuando sus ojos me miran como así me miran,
y subo al cielo
cuando su piel acaricia mi piel.
Y dicen... lo que digan,
sonrían... como sonrían.
¡Yo quiero a mi niña morena!
¿Podría vivir, mi amor, sin tu amor?
¿Podrían mis ojos ver, sin a ti, mi amor, verte?
¿Podría mi piel gozar,
sin mi piel gozar de tu piel?

¡Ay, mi amor, es mi alma esclava de tu alma!
Y lo que digan...y como sonrían...
no es nada que ya pueda detener
nuestra muy loca pasión desatada

CUANDO CAMINAS, NIÑA

Cuando caminas, niña,
se revolucionan las calles,
ahítas quedan todas las esquinas.
En los parques los sauces lloran
sus ramas, pidiendo que no te vayas.

Las ventanas se llenan de fascinados ojos
por ver tu linda, excitante, figura.
Las aceras te esperan con codicia;
el sol, ¡qué envidia! te acaricia enterita,
con sus lascivos y calientes rayos...

¡Con qué gracia balanceas tu cuerpo!
tu melena cómo se desliza por tu cara,
tus ojos cómo deslumbran al mirar,
cómo hechiza y cautiva tu sonrisa,
cuando, con tu inocencia, saludas al pasar.

Tus vestidos moldean tu deseable cuerpo,
aunque cubren tu belleza, como las cortinas
amparan monumentos. A la luz le da miedo
llegar a tu piel, mostrar tus encantos,
descubrir tus secretos...

La suave brisa lleva el perfume de tu cuerpo;
de rosas y jazmines es su aroma, también
los labios que adornan tu cara, ávidos de amar.

Mientras, tus cabellos flamean cual las banderas,
de los imperios de la juventud y belleza.

CLAMARÉ

Clamaré en tus oídos,
atrayendo tus pupilas a mis ojos.
Respiraré el aire que tú respiras
y desprecias.

Seguiré tras de ti, me embriagaré del aroma
de tu cuerpo, acariciaré la seda
de tus senos,
beberé tus lágrimas, devoraré tu cuerpo
y, entonces,
se unirán nuestras almas.

SED

Y es de ti que tan sediento estoy,
que cuanto más bebo de ti,
más de ti estoy sediento.

SABRÁS QUE TE QUIERO

Confieso que te quise de inmediato, viniste
a mí en el mejor momento
para hacer el gran milagro.

Mi viudo corazón, desesperado,
cambió el ritmo de viejo moribundo
por el fragor del fuego apasionado
y
locas ganas de vivir a tu lado.

Cuando me vaya, cuando no me veas,
quiero que sepas que estaré contigo,
bendiciendo el haberte conocido,
sintiendo por no haberte, del todo disfrutado.

Espero que haya Cielo...
porque allí te estaré esperando.

ES MI DESEO...

Que la luz de tus ojos ilumine,
sin tardanza, tu mirada.
Que renazca tu sonrisa
y quede en tus labios albergada.
Que citar mi nombre
sea para ti como un beso trémulo.

Que las aguas de Leteo
no te invadan.

ELLA

Soledad es pronunciar tu nombre
y no oír tu voz que me responda.

SI TÚ NO ESTÁS...

Se diluye el sabor de tus besos,
la esencia de tu cálido cuerpo,
como la sal de las mareas,
como el hielo del invierno.

Mis manos vagan errantes y desesperadas,
buscando tus sendas,
las sedas de tu cuerpo,
porque si no estás, mi vida, sin ti yo soy nada.

El tiempo va marcando la distancia, aleja el tren
de los sueños;
tu imagen queda atrás, difuminada
entre la niebla del mañana incierto.

Mi alma, vacía sin ti, es más fría que el frío hielo
de la madrugada,
nuestro lecho, estepa árida y desierta,
sin el cálido oasis de tu cuerpo.

¿Dónde hallar el fulgor de tus ojos,
dónde la noche, sin estrellas, de tu cabello,
dónde tu risa, dónde tus besos?

LUNA LLENA

Esa noche nuestros ojos eran los que hablaban.
Fueron tus ojos, mi amor,
los que revelaron que tú me amabas.
Fueron tus ojos, mi amor,
los que me abrieron, de par en par, tu alma.
Y esa noche, mirándome a los ojos,
esa noche, la luna
el brillo de tus ojos envidiaba.
Y esa noche, de luna llena,
nuestros cuerpos se unieron,
se enlazaron por siempre nuestras almas.

AMARTE

Amarte es sentir correr tu sangre por mis venas.
Es ver el mundo maravilloso
a través de tus bellos ojos.
Es beber, insaciable,
del manantial de tus labios.
Es sentir el cielo en lo recóndito de tu piel.
Es que tu dolor a mi me duela.
Es ser tu corazón el mío.

Amarte es reinventar para ti, amor,
un te quiero a cada instante.

AQUEL CAFÉ

Sobre el mármol frío de sus mesas,
lápidas de «te quieros» e historias muertas,
mi lápiz desgranaba en el papel
mi amor en la distancia.

Mis ojos escrutaban el agua de la jarra,
bola de cristal de amor brujo,
queriendo ver tu cara,
temiendo ver tu olvido en falsas adivinanzas.

Aquel café era mi cálido refugio,
continente de nostalgias...
Tu silla vacía de ti, el aire reflejando
tu mirada.

Aún flotaban tus palabras entre el denso humo...
Mi espera con el tabaco quemaba.

MIS LABIOS EN LOS TUYOS

Se entretienen mis labios en los tuyos
que, sin querer huir, van descendiendo
por tu garganta y frágil cuello.
Recorren los torrentes de sangre de tus venas,
caudal desmedido de pasión,
ebrios y sedientos descienden
y escalan los erizados montículos
de tus pechos, se recrean en ellos,
juguetones, formando algarabía en tu cuerpo.
Tu vientre, en vaivén descontrolado, es una súplica
que mis sentidos, hipnotizados, sí comprenden.
Se deslizan al vello enredado de tu sexo
y, por caminos sinuosos, hambrientos, se pierden
en lucha salvaje con tu frenesí y loco desenfreno.

BELLEZA CRUEL

¡Oh!, muchacha de encantos
inexplorados.
¡Oh!, belleza cruel, cuerpo incendiario,
mirada inocente, sonrisa huidiza,
andar despistado,
objeto de miradas abismadas
y carnales ansias.
¡Oh!, inocencia destructora de corazones,
sosiegos y templanzas.
Sin tú quererlo, sin saberlo
¡No sabes lo que provocas...!

HE BESADO TUS OJOS

He esculpido besos en el couché
de tu fotografía.
He mojado, con mis lágrimas, tus nacaradas
mejillas, como si mis lágrimas fueran tuyas.
He besado tus ojos, tan llenos de caricias.
Te he guardado, mi amor, en el bolsillo de mi alma.

AMAR

Tú y yo, solos, cualquier habitación,
no importa el sitio; en cualquier lugar...
Mediasnoches para comer,
noches enteras, y sus días, para amar.

EL TIEMPO HA FRENADO SU PRISA

He derrotado tus tímidos noes,
tus defensas, entre suspiros, quejas
y alguna lágrima furtiva.
He desoído tus lánguidas súplicas,
apenas musitadas,
he desgarrado tu inocencia,
tu delicado y sedoso velo de doncella.
Nuestros cuerpos, como si corceles desbocados fueran,
se han liberado con el retozar de la pasión irrefrenable.
Te he hecho mía, sin yo apenas creerlo.
La luna, reflejada en tus pupilas,
alumbra nuestra dicha.
El tiempo ha frenado su prisa.

TÚ, MI AMOR

Eres, como la tarde de domingo,
dulce y sosegada.
Tienes la mirada cálida, el sol en tus ojos,
amor en sus brillos.
Tu melena, sedosa,
acompaña, en su huir, a la brisa.
Tus labios en sonrisa suspendidos.
Tu piel fresca, como el anochecer,
con aroma de jacintos y miel.
Tu cuerpo, campa de espliego, de juncos y trigo,
es paseo preferido de mis caricias y mis besos.
Eres laguna misteriosa, donde la luna
mira, admira, tus destellos.
Tu boca, rosas, jazmines y frutos del Edén.

YO COGÍA LAS NUBES...

Yo cogía las nubes con las manos
y mis besos enviaba al universo,
te entregaba mi corazón travieso
antes de tener los cabellos canos.

Yo me sentía un Pegaso, trotando
por los valles y cumbres de tu cuerpo,
sobrevolando, cual gaviota, el puerto,
la piel, tu piel, que siempre estoy amando.

 El Pegaso ya no trota, plegadas
sus alas, no remontará sus vuelos,
aventuras por el tiempo amainadas.

Humilde se desliza por los suelos,
mas su amor vuela con las alocadas
nubes y fantasías de sus sueños.

BRISAS, O NOCHE DE SAN JUAN

Una fresca brisa flameaba sus cabellos
con lento movimiento, acariciaba sus senos
con el leve tremolar de su vestido,
se deslizaba suave, cual la noche,
como de amor dormido.

Traía aromas de verano
de rosas, de jacintos, de pinares cercanos,
de tierra aún mojada, de heno, de hierba
recién cortada.

Noche de San Juan, de limones,
de tormentas, de amores, de hogueras y promesas...

Tu me diste una flor, yo te di toda mi fuerza;
fluía la pasión,
mis besos ahogaban tu candor,
mis brazos poseían tu cuerpo.

Cantares de la madrugada nos despertaban,
aún nuestros cuerpos uno,
los cabellos mojados por la escarcha,
al alba.

Nos saludaba otra brisa más fresca,
más lozana,
mientras el sol cegaba nuestros ojos
y nos dejaba desnudos.

LOCOS DE AMOR

Y tú, precisamente tú,
te quejas porque dices que les cuento más cosas
a mis amigas, las negras hormigas.
Creo, sinceramente, que te sientes
celosa, cuando me ves en el suelo,
de rodillas, hablando, jugando y maquinando
travesuras con ellas. No entiendes que proyecte
mi sombra sobre sus flacas figuras.
Te extrañas de que comparta nueces y avellanas
con nuestras vecinas, las saltarinas ardillas.
Tú, precisamente tú, que te empeñas
en levantarte todas las noches para escuchar
a tu cómplice, la luna, y luego me lo cuentas,
callándote lo que a ti te interesa;
crees que me engañas; lo intentas, pero hay un lucero
que vuestras conversaciones me revela; noche
a noche, él os espía y, a través de tus sedas,
por tus encantos él se cuela;
y eso, amor, eso a mi me duele
eso, amor, eso a mi... sí me desvela.

¿EXISTES?

Piensa en ti y no te menciona.
¿Acaso tienes nombre?
Pero estás ahí, con tenaz frecuencia,
mientras mira deslizarse las gotas de lluvia,
a él siempre le parecieron lágrimas,
tras los cristales tristes en el tardío otoño,
de su oscuro, desierto, dormitorio,

En los paseos del parque, radiante
de soles y colores, bullicioso de pájaros
y de niños.
En los campos silenciosos,
de helada nieve, y los desnudos árboles,
de hojas y de trinos.
En la corriente de los ríos caudalosos y
los humildes arroyos, sigue viendo tu imagen,
por callada y sonriente, prudente y complaciente,
bella y deseable.
No, no existes. Tu imagen y tú sois solo éso: una
imaginación, realidad inaccesible.

TE BUSCABA

Te buscaba en otras ciudades,
como si fueran la nuestra.
Te encontraba en otras caras
que dibujaban mis ojos...

Por la noche, y en la mañana,
pronunciaba tu nombre,
sin obtener respuesta;
seguía solo, solo...

REGRESO

Ha llegado ya el momento del regreso a ti.
Sí, me he lanzado a la carretera devorando
millas, que nos separan, quemando soledad
y bencina.
Los árboles me abren paso diciéndome adiós,
tristes sus ramas, despojadas de hojas.
Mi auto nos acerca; con su bramido feroz,
lucha contra el reloj,
insaciable de los minutos y horas.
En el centro del paisaje, nunca tan extenso
e interminable, siempre está tu imagen,
con las curvas de tu cuerpo.
La distancia es negra, asfalto y desesperación.
La meta y trofeo de la loca carrera, eres
tú, mi mejor y mi único refugio.

AL CABO DE LOS AÑOS

Se han encontrado después del tiempo transcurrido
que ha hurgado en sus rostros...
pero se han reconocido. Sus
ojos, húmedos, se miran, se admiran,
incrédulos, el uno al otro.

Han entrelazado sus manos
con cariño, con gestos temblorosos,
como niños con juguetes rotos.
Ella frágil, sus cabellos de seda,
y blancos, como su piel, luminosos.

Se han cruzado pocas palabras,
permanecen silenciosos. Sus miradas interrogan;
tienen mil preguntas en sus labios, se las callan,
a saber no se arriesgan.

Mas pronto, se dirán que sus amores
guardaron sus ausencias,
que sus corazones solos estuvieron siempre,
que a nadie más amaron, que nunca se casaron.

Que coincidieron siempre sus sueños, imploraron
sus caricias, se buscaron sus cuerpos,
sólo sus almohadas recibieron sus besos,
sus lágrimas, sus secretos.

Siguen parados en la acera, donde
se han encontrado,
ajenos al mundo que les rodea,
a las miradas de curiosos.
Sus vidas ahí y ahora empiezan...

ANIVERSARIO
Año 2016

¡Son cuarenta y cinco años!
a pesar de aquellos malos augurios...
¿Recuerdas aquel cura
que nos había augurado fracaso?

Pero hoy, exactamente ahora,
ese tiempo juntos, casados,
llevamos.
Ha habido de todo, mucho más bueno que malo;
lo mejor, que juntos estamos, y... ¡Nos amamos!

HEMOS ROTO

Hemos roto nuestras cartas de amor
los dos juntos, tú y yo, con nuestro pudor de acuerdo,
como único testigo.

El papel, amarillo por el pasar del tiempo,
con renglones rasgados anunciando
las fechas de nuestros encuentros.

Hemos roto nuestros secretos, junto a la suma
de los latidos de nuestros corazones locos,
ávidos de amar.

Los pedazos llevan escritos nuestros te quiero,
nuestros deseos de estar juntos
tu cuerpo y el mío, de estar sellados
nuestros labios con nuestros besos.

El perfume de tus cartas, amor, ha impregnado
mis dedos que, juguetones, acarician tu piel,
y hacen temblar tu cuerpo, unido al mío.

Hemos roto nuestras cartas de amor, pero el amor
sigue en nosotros vivo.

AMANTES

Conocen bien sus cuerpos,
sus vidas… a retazos,
es un acuerdo tácito;
no les preocupa más.
Se ven muchos, pocos, días, se ven y se gozan,
siempre a escondidas; su pueblo es pequeño,
las ventanas ojos anidan,
abiertos a cualquier movimiento.

Sus amores emigran sus encuentros
a otros lechos,
donde sus caras no son conocidas.
Apenas tienen horas, mas las buscan,
como sus cuerpos buscan sus caricias,
como sus labios… sus besos.

¿No hay nada más tras esos arrumacos,
tras esos te quiero,
te quiero, te quiero…?
¿Son simples jadeos,
es una forma de hablar tras el envite fiero?

No hablan de amor.

A sus arrebatos dan rienda suelta;
siempre lechos extraños, alquilados.
Dejan sábanas mojadas, sudadas,
enredadas por los fragores de sus batallas,
por los lances de sus pasiones desenfrenadas...

Nunca acabadas de saciar,
se encontrarán cualquier día;
aún no saben cuándo, ni qué lugar.
Son encuentros itinerantes, prófugos,
culpables, errantes, ocultos...
Acuden a la cita de la llama que nunca
acaban de apagar.

No piensan en un futuro,
no dan por acabada su historia
ni piensan cuánto durará.
Ella o él, otra vez, una más,
se llamarán; otro sitio distinto,
nuevo escenario, nuevo nido
de su loco desvarío.

NOCHE DE VERANO

Está caliente la noche y aún
la luna no la besa,
el sol se va por las laderas, en busca de otras
tierras.

Hay un silencio infinito. ¡Callad! que la luna
ya se acerca...está celosa del sol, que a la tierra,
así, calienta.

El aire huele a jazmines,
los ruiseñores lo festejan;
con el jolgorio de sus cantos, a los insomnes
más desvelan.

Frescos están los olivares
reflejando la luz de sus hojas,
las lechuzas entonan sus cantos,
los pastores guardan sus ovejas.
Los amantes el calor de sus cuerpos cabalgan,
baten sus sudores, los bañan,
cruzan caricias, besos,
suspiros, risas...

Luego sus cuerpos y almas se relajan,
quedan quietos.

ME BEBÍA EL MAR

Miro al cielo y te veo en sus nubes sumergida,
miro al mar y en su espejo azul te veo.

Las olas, rompiendo en oscura roca,
son un pañuelo de seda en tu cuello.

El brillo de tus ojos es su cándida espuma.
El verde de las algas... tu sonrisa, hechicera,
hecha promesas. El negro fondo submarino,
es mi temor a que tus promesas no se cumplan.

La tormenta perfecta mi deseo, hecho fuego
y agua loca, embravecida. Me bebía el mar
al bucear el atrayente arco de tus muslos.

ERES...

Rubia, eres como la parva de la era,
cual la caña del trigo.
Rubia y fresca como la arena
dorada de la playa.
Rubia y ardiente como
la melena del sol en el estío.

ALIENTOS DEL ALMA

Me asomo al mirador del tiempo.
¡Cuánto tiempo transcurrido! aun siendo tan exiguo.
Años de infantiles batallas, de primaveras
en mis venas,
en mis ojos, luces escudriñando el futuro;
cabeza enloquecida de ilusiones
y esperanzas, de amores tiernos, chicas con pecas,
con trenzas, con enaguas, cancanes y sandalias.

Paseos por los pinos, temblores en las piernas,
sentidos latentes,
curiosidad por lo desconocido,
miradas cómplices.

Roces de piel, besos inocentes ¿inocentes?,
con explosión de sentidos, miedos y vergüenzas,
rondas románticas, luz de luna… las guitarras.
Pechos palpitantes,
palabras entrecortadas, perdidas, voz ronca.

Con cielos estrellados canciones italianas;
primeros bailes,
abrazos verticales… y los cuerpos
enfrentados, alientos de dentro, de deseo,
alientos del alma.

AQUELLA MUCHACHA

Hoy, ¡Santo Cielo! He visto, sí, a aquella muchacha,
aquella muchacha de encantos inexplorados,
hoy conquistados, colonizado su bendito
vientre, pues está preñada,
rotundamente preñada, como luna llena.
Su capa abierta a la brisa
que, suavemente, la acaricia.

Solo han pasado tres años desde que la viera
por vez primera e hiciera de musa
en mi poema Belleza cruel.

Es más exuberante su belleza
ahora, y no es cruel pues ama, es amada.

Al pasar cerca de mi, he quedado ensimismado;
mis ojos resbalan, con pudicia, por su grávido
talle, su semblante y sus cabellos
resplandecientes, sus pechos turgentes,
prometedores de inagotable y delicioso
néctar. Su mirada, aún inocente,
la ha fijado en mi mirar de abuelo, todavía
a la espera de serlo,

y me ha sonreído, sin conocerme, con cara
de mamá, de joven e ilusionada mamá,
con esa bendición en su vientre de mujer.

He retirado mi mirada,
me he vuelto de espaldas, pues dos jubilosas lágrimas,
han resbalado por mi rostro.
Aquella belleza, que yo presumía cruel,
está a la espera de ser una bella mamá.

EN TUS BRAZOS

Estás dormida a mi lado;
acaricio con mi vista tu cuerpo,
al sueño abandonado;
en tus labios una sonrisa...

Tus cabellos desparramados,
tus manos en tus brazos, como si me abrazaras.
Quisiera estar en medio...
sin estar en ti, ¡qué solo me encuentro!

La almohada acoge tu aliento,
tus ojos permanecen cerrados,
tus senos libres,
con tu respiración, cabalgando.

Quisiera estar en tus sueños,
quisiera ser tu niño mimado;
tú estar siempre pendiente de mí,
ser yo... tu juguete adorado.

ATARDECER DEL ALMA

Hola espejo, brumoso y viejo amigo.
Miro tus ojos, tu frente, arañada
por la poderosa zarpa del tiempo.
No te conozco. Me habla de ti tu alma.

¡Cuántos sueños, cuántas ilusiones en objetos
perdidos! ¡Cuánto tiempo malogrado!

Falaces amores, juguetes rotos,
desatadas pasiones,
noches en desvelo, esperas cada madrugada.

Pero... llegaste tú,
mujer, amor y entrega, caricias y pasión,
convulsiones en el vientre. Fuiste el gran rescate
que yo temí imposible.

RECUERDOS QUE AHORA ANIDO

Recuerdos que ahora anido
entre la luz de aquellos días
que, frenéticos, paseábamos nuestro amor
por todos los caminos.

¡Era todo tan bello, entonces!

Tu sonrisa, envolviendo tu mirada,
nacida rebosante de caricias.
Nuestros sueños, muchos incumplidos, pero siempre
inadvertidos, por el logro de otros
que nos han penetrado en el interior del alma.

Era cual juego prohibido, tan deseado
y así de procaz, para aquellos tiempos.

Y, sin darnos cuenta, nuestros cabellos
se fueron tornando blancos.

Ahora en nuestros ojos el brillo de los ojos
de nuestros hijos y el de los suyos.

Todo tan a su tiempo,
todo así nos ha sucedido.

¡QUIÉN PUDIERA VOLVER ATRÁS!

El amor es joven y apasionado.
Ilusión, esperanza, vigor... El amor huye
de la razón, y se precipita en la atracción.

Cuando pasan los años, torna en dulce, tranquilo.
Y, como si un río fuera, muda el nombre, muta
a cariño, amor y añoranza de algo
que ya no podrá retornar jamás.

El amor lo puede todo cuando quien lo siente
puede más. ¡Juventud, fugaz estadio,
quién pudiera ir atrás!

Y UN MAÑANA

Y un mañana, no sé cuán cercano,
alguien habrá cerrado mis párpados;
ya no veré tu dulce sonrisa,
ni tomaré tus manos,
ni acariciaré tus cabellos,
ni veré los soles de tus ojos,
ni oiré la música de tus labios,
pero... te seguiré amando.

NIEBLA

La niebla descansa, húmeda y gris,
sobre la hierba del bulevar,
el viento, en remolinos, la levanta
jugando con tu falda,
y nos acompaña, tú... despeinada.
Nos damos un último y fugaz beso,
yo quisiera retenerlo.
Nuestras manos,
aún ardientes, se separan.
Las tuyas, esquivas, se cobijan en los bolsos
de tu abrigo.

Mientras te alejas, la oscuridad
te oculta a mis ojos, ávidos
de ti, deseosos de no perderte.
Cuando la niebla disipa tu imagen,
tus pasos, huidizos, suenan vacíos,
huecos, como un adiós.

La habitación aún guarda el calor de tu cuerpo;
la cama, en desorden, aunque callada, no oculta
nada de nuestra pasión desatada.
Mi corazón queda, sin ti, desierto.

ESTATUA

¡Pobre estatua de mármol frío y duro!
Sin corazón, sin alma; tú eres, sólo, bella...

Cuando la luna te mira, eres de nieve blanda,
nacarada.
Tus ojos tristes, sin destellos,
sin lágrimas.

Tus cabellos
quietos, al soplar el viento.

Vigía de noches de amor, de lunas
llenas y lunas moras,
codiciosa de caricias y besos
permaneces erguida, orgullosa,
siempre mirando sin mirar.

Tus pies, frágiles y desnudos
en los fríos de las noches y los días,
te sostienen incansables sin tener dónde ir;
siempre quieta, sólo se mueve tu sombra.

Treinta años mía...
 no me conoces, no me saludas...

Yo, enamorado de ti,
sin verte, te veo desde mi alcoba;
tú ahí sigues mojada,
solo, por el rocío y la lluvia.

LA MUJER Y EL ESPEJO

Se ha desprendido de la última prenda
que la cubría; ahora está desnuda ahí,
frente al espejo.

Como si fuera un rito,
va recorriendo, milímetro
a milímetro, poro a poro, su piel;
sus ojos, escrutadores y críticos, viajan
por todo su cuerpo.

Su cara de piel tersa, ojos grandes, de profunda
y dulce mirada,
de miel, que no acarician a nadie.
Su cuello, frágil, con caracolillos
donde el cabello nace.

Hombros que dibujan su delicada
silueta, con leves cuencos...
Su espalda se desliza, entre arcos,
suave, armoniosa, hasta el cóncavo de su cintura.

Sus senos erguidos, armados
con puntas mirando al cielo,

con círculos sonrosados,
erizados y con minúsculos montecillos;
por ellos resbalan sus manos...

El valle de su vientre es recorrido
 con mano ávida
con sutil y fugaz movimiento se dirige
a su sexo,
con escaso vello, siempre desierto...

Por un momento tiembla su cuerpo...
Las caricias no van más lejos;
continúa por sus muslos
deslizando sus dedos.

Al tiempo, se vuelve para dejar reflejado
donde la espalda termina,
su redondez rotunda,
con sima graciosa y profunda.

Las piernas, cual columnas,
sustentan esa figura monumental, bella.
Al espejo, negro de azogue, negro
de ver ese cuerpo,
de ser espejo le da tristeza... que... ser hombre,
seguro, él prefiera, en esos momentos...

MUJER SOLA

Rostro sereno, aún no ajado.
Ojos profundos, inquisidores.
Boca de pétalos desflorados
de sus primaveras.

Senos que nunca fluyeron mieles,
nunca amamantaron aunque el amor y el placer
gustaron,
henchidos en deleites y goces.

Cuerpo provocador de envites apasionados,
de relajación
de miembros enlazados, reincidentes y locos.

Los amores... aves de paso; en su sentimiento
no anidaron,
sólo posaron, descansaron su fugaz vuelo.

EL OCASO

El ocaso, rojo y cálido como la ardiente
sangre, abrasa sus palabras, sus besos de amor.
La mar, sus aguas vacilantes y juguetonas,
lame sus cuerpos, entrelazados y desnudos.
Una gaviota, columpiada en las mudas olas,
observa a los amantes.

El sol, pudoroso, se esconde tras las montañas.

A oscuras, dan rienda suelta, con frenesí, al goce,
a la fogosidad que embarga sus sentimientos.
Las sabias manos de él recorren la orografía,
provocadora, de un cuerpo joven e incendiario
que se retuerce, conjugando los movimientos
con los lascivos lances de su amante.

La luna, curiosa, se asoma en lo alto;
por lo que ve, ya no es de plata, pues se sonroja.

Tras varios asaltos se internan en las templadas
aguas, jugando y salpicándose con las olas.

HAYKUS

Los poetas que escriben haykus...
¿Son poetas en huelga de celo?

Mi amor, tus ojos,
son estrellas en fuga
cuando me buscan.

* * *

Tus bellos ojos
con los míos, de frente,
son cuatro espejos.

* * *

Gozar tu cuerpo,
gozar de nuestros cuerpos:
revolución.

* * *

Sí, se entendían:
su boca con la suya;
sobran palabras.

Monte con monte
dos amores se gozan,
nada por medio.

* * *

Besé sus pechos:
sus profundas raíces
se perturbaron.

* * *

Ay, el amor
es fuente, es manantial,
el agua corre.

PARA TI, MADRE

Para ti, mi recuerdo, madre.
Un recuerdo nostálgico, con rictus, con ceño
fruncido, con amor escocido.

Nuestros últimos ratitos, sentado a tu lado,
los saboreé con mimo
y avaricia,
sabiendo tu sueño cercano.

Recuerdos... muchos dulces...
agrios, espinosos, dolorosos también hubo;
tu amor daba para todo.

Y te comprendí... Nuestras lágrimas
lavaban nuestras culpas,
se cerraban las heridas.

Maravillosa mi infancia, en tiempos de posguerra,
pero sin penurias, con mis juguetes;
¡Mi caballo negro, de gran cola!

Tu devoción y los frailes rompieron
el feliz cuento. Mucha distancia,
hambre y sueño me acompañaron en el convento.

Pero el regreso, vuestros besos,
mi cama, mi casa, los baños
en el río me hicieron,
otra vez, crío.

Y los años pasaron,
pasaron en poco tiempo.
Encontrar el amor
supuso nuestro desencuentro.

Y te comprendí, ahora más te entiendo,
lo sentí, y aún lo siento; fue otro triste cuento.

¡Cómo no te voy a entender, si para entenderte,
tengo a diario tu sentir
en tres trozos salidos de mí!

PADRE

Me hubiera gustado ser
el buen padre que tú fuiste.

Tus ojillos chispeantes,
en sonrisa interminable,
me acarician por siempre.

Tu caminar ligero,
por tu pinar amigo,
acompaña mi camino.

Manos recias, de hierro, tiernas
de caricias,
afanosas, ágiles, generosas.

Tiempos de posguerra,
corre caminos infatigable;
huiste al hambre.

Creyente tardío,
convencido de Dios,
te hiciste más bueno.

Educador, autodidacta,
ausente de vicio,
grande de alma.

¡Cómo añoro los cuentos
en las noches largas!
¡Cómo, los besos que me dabas!

Nos dejaste solos.
Sin nosotros saberlo,
despedida en la mirada...

NOCHE DE SAN JUAN

23 de junio de 2007

Los invitados ya se han retirado.

Sobre el suelo, debajo de las mesas,
aparecen, inertes, algunas servilletas,
labios rojos, prometedores,
impresos en ellas
y tapones de botellas de cava.

Mas la boda no ha terminado aún.

Al fondo, es una dulce melodía
que llama mi atención.
Mis pasos, sin darme cuenta,
me han mudado a una estancia nimia, recoleta.

En el centro, los novios
bailan, mas, apenas se mueven,
no sé si, ni siquiera, oyen la bella canción
Is this love, su favorita.

Y no cesan de mirarse a los ojos,
con dulce e interminable sonrisa,
como preguntándose:
¿Esto que estoy sintiendo es, verdaderamente, amor?;
y sus ojos contestan:
«Sí, cierto, ésto es amor».

Helena, bella, hoy más que nunca,
embellece, aún más,
su vestido blanco, de novia.
Eduardo, embelesado,
plenos sus ojos del amor
con el que sus brazos la envuelven.

Las dulces notas, revoltosas, revolotean
entres sus apretados cuerpos,
dejan en sus labios
el exquisito néctar del amor,
en clara luna y noche hechizada de San Juan.

Les dejo solos...

DÍA DE LA MUJER

Hayku

Este ramito
de diminutos versos,
mujer, es tuyo.

...Y DE REPENTE

...Y de repente,
en una fracción de segundo,
un bello rostro, con solo su sonrisa,
me ha atrido, como la Tierra atrae
los rayos del Sol.
Es una mirada limpia, lo único
que le adorna.
Sus encantos, encantos no tiene superlativo,
¿cómo puede ser el idioma tan pobre, parco?
Me faltan palabras para definir
esa deliciosa sensación asomada a la pantalla.
Sus atributos están ocultos, con modestia,
ni se les piensa.
Su sonrisa es plena en dádivas. Gracias,
muchas gracias, Julia Roberts,
por la fuerza en tu delicia. Lástima que el
«Quédate a mi lado» sea un título de película.

CAPRICHOS O SUEÑOS INSATISFECHOS

Noches y noches caes en lo mismo,
la misma escena, tan real, tan deseada
y tú de protagonista. Pero, de pronto,
una ligera bruma la disipa, tú desesperas.
Corres, buscas, tropiezas, miras al espejo,
ves una imagen, no la reconoces,
quisieras retenerla, mas se aleja. Otra dimensión,
oyes una carcajada, sollozas, gimes, el dolor
te hiere. Crees morir sin conseguir hacer el sueño
realidad, te aterra perderlo; otra noche más...
Pereces, todo es oscuro, silencio. No sabes nada.
Un féretro vacío llega a tu cama,
Llamas devoradoras buscan su carnaza.
Despierto, náuseas...

A VECES

En muchas ocasiones, a veces,
el cielo de azul limpio,
sus nubes de algodón y azúcares,
se tornan en oscuras,
con rayos, truenos,
vientos fieros y huracanados.

Hay mujeres, a veces,
con caras bellas y apacibles
que esconden vidas, almas
atormentadas y tormentosas
que solo hacen sufrir porque ellas sufren,
y, así, recobran la calma.
Como la libélula, que devora al amante,
y calma el ansia.
A veces, en muchas ocasiones, los espejos,
solo los espejos, conocen lo que ellas piensan.

MUJER MADRE

Porque tú, mujer, eres, serás madre.

El amor penetra en tu cuerpo
ocupando tus entrañas.
Tu sangre se mezcla con otra sangre,
en fusión apasionada.

Tu cuerpo, en cuerpo de madre
se moldea.
Ha pasado un otoño,
un invierno, una primavera;
tu vida, la que llevas dentro,
quiere ver la luz.

Respiración acompasada,
sudores, desgarros,
tu hijo la luz recibe; sus primeros sollozos
son como cantos de enhorabuena.

Has vencido al dolor.
Tus brazos rodean su pequeño cuerpo, de piel
que ha sido tu piel.
Tu mirada, ya de madre,
le brinda cálida caricia,
tus pechos sustento, amor.

TODOS LOS CAMINOS

Recuerdos que anido y ahora afloran,
entre la luz de aquellos días.
Paseábamos nuestro amor
por todos los caminos.
Todo era bello entonces;
tu mirada envolviendo tu sonrisa,
convertida en caricias.

Nuestros sueños, muchos incumplidos, pero siempre
inadvertidos por el logro de otros
que nos han calado tan adentro,
que nos provocaron tanto gozo.

Parecía todo un juego prohibido,
de tan deseado, y de procaz para aquellos tiempos.

Y, sin darnos cuenta, nuestros cabellos
se fueron tornando blancos.

En nuestros ojos el brillo del de nuestros hijos,
y del de los suyos.

Todo tan a su tiempo;
todo así, nos ha sucedido.

SOÑÉ

Soñé que todos éramos ricos;
que el agua, en el desierto manaba.
Que huían las estériles arenas.
Que el trigo, la mies, el viento mecía.

Soñé que el cielo lloraba
agua pura, cristalina;
corría por los arroyos...
niños jugando en sus orillas.

Los ojos de sus madres, en pos de ellos,
no lloraban sus miserias,
al cielo sonreían.

Los hombres de las guerras
ya no existían;
ahora mullían la tierra ,
con tractores y sus energías.

Soñé con silos repletos,
hospitales semidesiertos,
alguna madre alumbrando a su cría.
Soñé que en la Tierra el bien existía!

LA HORA DE LA SIESTA

Hay una cosa que quisiera decirte ahora,
cuando ya, todos duermen.
Quisiera hacerte asi, mi cómplice,
quisiera amor, hacerte ver
el cielo en mis ojos, cuando mis ojos te miran.
Quisiera hacer temblar tus piernas,
al besar tu semblante.
Hacerte llegar al cielo en mis brazos
y beberme tus lágrimas. Sentir yo quisiera
el placer con tu placer y caer derrotado
a tus pies, casi inerte.
Quisiera así, tenerte siempre sumisa a nuestras
caricias, nuestros besos.
Acompasar mi corazón al tuyo,
y sea tu placer el mío.

ELLA Y ÉL... NOSOTROS

Soñaban con un futuro lejano,
el sueño les llevaba a sitios desconocidos,
algunos, otros familiares, también cercanos.
Única ambición, vivir juntos; y sí, ahí están
juntos, adormecidos al calor de las llamas.

Sus mentes visitan escenas y hechos pasados.
Corto noviazgo, su apresurada paternidad,
penurias iniciales en su convivir diario,
con esfuerzo, lograron bienestar,
la vida ha sido generosa, están cumpliendo sus
deseados sueños. El cura se equivocó y
vaticinó: «Poco ha de durar esta pareja».

Aunque, a veces, la misma vida, la cotidianidad
se vuelve contra nosotros, discusiones tontas,
de pareja, que rompen por, momentos, la paz,
que no tarda en volver, alegrando corazones,
retornando el amor, nunca roto.

II

CUANDO EL AMOR ACABA

DUDAS

Que seas suya, ya lo duda,
que seas de otro... ni lo piensa,
no lo soportaría.

¿Quién podrá provocar
el calor de sus sueños?
¿A quién evocan sus suspiros?
¿Qué nombre habita entre sus dulces
pensamientos?

Negros presagios acompañan
sus desvelos;
noches oscuras, eternas,
amaneceres inciertos, fríos,
ojos cansados, siempre abiertos...

EL DESENGAÑO

Tiene el cuerpo de adolescente marchita, arrugas
incipientes en su cara. Sus ojos enormes,
como dos faroles, pero apagados...

Su caminar por la calle es ligero
aunque nadie en casa la espera.
En el trabajo es alegre pero, tan discreta...
su misterio es la vida que hace fuera.

Conoció el amor con pasión y fuerza;
muchos días y noches y, también, muchos años...

Un mal día, pero quizá mal día no fuera,
vio al hombre que quería;
otra mujer llevaba de su brazo,
ellos, dos niños y dos niñas en ambas manos...

El corazón se le quebró, se le quedó helado;
no se creía lo que pudo ver.
De inmediato entendió
por qué, a veces, a su amor no tenía.

Se había escondido detrás de un árbol,
quedó temblando pegada al gran olmo,
mientras ellos pasaban de largo, riendo, hablando.

Eso ocurrió ya hace años.
Salió huyendo, ahora en otra ciudad
está viviendo, tan cruel desengaño...

NUESTRO LECHO

Nuestro lecho, sin ti, mi amor,
es un erial de incontables hectáreas.
Mi manos, de tu piel ávidas,
se pierden, buscándote entre las sábanas
y, aun estando tu ahí, ya no te encuentran.

TU MIRADA ME ATRAVIESA

Me miras como si yo fuera
para ti desconocido,
como si vieras a otro que yo no conociera,
como si yo fuera distinto al de antes,
como si ya no me quisieras.

Tu mirada me atraviesa
como si yo fuera invisible,
como si tú no me vieras.
Cuando me miras
tus ojos me hablan de una total indiferencia.

Quisiera que fueras ciega
de esa forma de mirarme
y que así, mi amor, tú ya no me vieras.

TEDIO

Ella y él pasan los minutos
sin decirse palabra,
y las horas, las noches, y los días...
Muere, en silencio,
el amor que se tuvieron.

NO ME LO DIGAS

Ya no bailan tus pupilas al besarte
¿Dónde se perdió el amor,
cuándo comenzó el olvido,
deshojándolo como flores de estío?
DANIEL ESCRIBANO VELA

No, por favor, no me lo digas,
ni vengas con excusas ni reproches.
Te lo pido, no digas nada,
no insistas, ¿no ves que yo permanezco en silencio?
¿Por qué tú insistes ahora?
Hace ya tiempo que, del amor nuestro,
al viento se colgaron las últimas cenizas.

SIESTA

Solía decirle,
a eso de las cuatro de la tarde,
que es la hora de la siesta,
que ya era tarde, que le dolía la cabeza
y que los niños estaban en casa;
podrían oírles...¡Qué vergüenza!

Entonces, él se vestía
y se iba a ver el partido,
decía, mientras abría la puerta,
y esa tarde no se jugaba ningún partido,
poniéndose la chaqueta, las gafas de sol,
y se quitaba la alianza.
Sonreía... ¡Tendría siesta!

VENENO

Te arrojé veneno a tus ojos
y me ha salpicado a los míos.
Lo primero ya hace años, cuando nos conocimos,
lo segundo en estos momentos está ocurriendo.
Y así nos escuece la vida, los dos sangrando.
Tropiezan nuestros párpados cansados
por todas las esquinas,
y seguimos naufragando,
sin que exista antídoto que nos salve.

MALTRATO

Siempre, a cualquier hora, fuera del día
o la noche, empezaba a tronar la misma voz,
escupiendo alcohol, cascada rota,
trallazos de metal contra metal.
Al lado de nuestra casa el infierno,
habitaba el diablo; así de cruel y sanguinario.
Golpes de objetos contra las paredes,
contra el suelo,
vidrios rotos, sollozos, lamentos confundidos
con quejidos, gritos y más sollozos.
Más golpes, blasfemias, quejidos.

Luego, después del terror de los gritos,
el terror, más profundo e incierto, del silencio...
Mirábamos a la pared que nos separaba,
queriendo adivinar, buscando la silueta
de aquella pobre mujer,
pidiendo que aún no estuviera muerta.

Él había cerrado con un portazo
la pesada puerta, con sus pasos alejándose
se iban silenciando sus maldiciones.
Tenues ayes nos confirmaban supervivencia,
de una amarga, desesperanzada y muy cruel vida.

Un día, después de los golpes, al final, no hubo
más lamentos, ni sollozos, ni ayes... Sí silencio;
un silencio denso, rasgado
por la sirena de ambulancia, ya innecesaria.

MADRE ROTA

El otoño luchaba contra el precoz invierno,
perdiendo la partida.
Era una mañana fría,
muy fría, gélida, de Sigüenza.

Las nubes habían teñido de noche el día.
El aire clavaba la lluvia en nuestras mejillas.

El pinar, mientras, nos regalaba con aroma
de tierra y plantas mojadas;
tomillo y romero y, también, resina.

Las copas de los pinos
nos saludaban silbando,
se inclinaban con el viento,
al placentero paso de nuestras correrías.

El castillo, entonces en ruinas,
nos miraba alelado;
no se creía tanta alegría,
en día tan ventoso y frío.

Confundidos con los silbidos,
que los pinos emitían, nos llegaron... ¿lloros...

y gritos...? Corrimos hacia el camino
que las ramas cubrían.

Una mujer, no lejos,
se dirigía hacia el, muy cercano, cementerio,
desafiando a los elementos.

Apenas en falda y camisa,
llevando una pequeña caja
del color de las astillas.
Subía entre el dolor, los quejidos y sollozos.

A su niña, muerta, iba hablando, la acariciaba,
la chillaba, la susurraba, gritaba al cielo.
A nosotros nos ignoraba; no nos veía...

De un resbalón caía a tierra;
en el suelo abrazaba aquella pequeña caja;
la acariciaba, la besaba,
mientras, desgarradoramente,
temblando, «mi pobre niña» balbuceaba...

¿POR QUÉ?

Imagino un pequeño bebé, endeble,
y desatendido, desamparado
que se aferra, con sus escasas fuerzas,
al frágil hilo de la vida.
Cuando cesan sus lamentos deseo oír, nuevamente,
si no sus risas, al menos,
sus quejidos, que confirmen su supervivencia.

¿Es un niño carente,
quizá, de amor, de salud,
sin una nana que calme
su inquietud, su dolor?

Mis ojos, insomnes, escrutan la oscuridad
buscando su sonrisa inédita.
Niño por mí desconocido; tu cara es mueca,
solo triste mueca, de infeliz niño,
de niño desgraciado, abandonado.

CLAMA ANTE TU PUERTA

Clama ante tu puerta, que fue suya y ha cerrado,
deshecho, hundido su cuerpo, ahogado
por las drogas que circulan
por su sangre, en la desesperación
por estar tan endeble y desgraciado, teniendo
lo más sagrado a su cuidado, que ha descuidado
por su debilidad ante el vicio consumido,
que le consume y destruye,
sin que su voluntad, ausente y enajenada,
pueda evitarlo.

Clamo, mi amor, ante tu puerta que tantas veces
yo mismo, sin estar en mí, sin llave,
he clausurado.
Los lloros del bebé, más bien, débiles lamentos,
que nuestro loco amor engendró, rasgan mi pecho,
no hago nada por acallarlo, sólo me arrastro
por el suelo ensangrentado, dolor en mis manos,
mis uñas arañan con furia el sucio mosaico
como fiera que quiere herir
a cualquiera... que esté a su lado.

EL RELOJ, A(NA)TÓMICO

Aun siendo sereno, el amor incita
a cometer pequeñas y más grandes locuras.
Mas, hay un tiempo para amar.

Después, vendrá el momento difícil de evitar
dejar regadas las miserias,
como migajas de pan agrio y duro,
escombros y tristeza.

La rendición, el dejar las armas, ya obsoletas,
envainadas con la resignación del guerrero
derrotado por otro invencible, inexorable,
y cruel, el paso del tiempo.

DEMASIADO TARDE

Estaba harto de los dos,
de ella y de sí mismo.
Por ella sentía pena,
con él mismo
no se mostraba compasivo.

Famélicos de amor, casados
sin boda ni testigos.
Ella bonita, ingenua, caprichosa,
díscola y muy coqueta.

Han pasado los años.
Y ¿qué del tiempo vivido en común,
juntos, distantes, tan distintos?

Por fin se han conocido,
noche a noche, domingo
a domingo, de juergas,
bailes y cartones de bingo.

Sus carnes, lacias, colgando,
sus cabellos encanecidos,
sus ojos cansados, llorosos
de volutas de humo...

Y porque en amor no han vivido.

DELIRIO DE AMOR

Te persigue y huyes esquiva.
Te mira y tu figura se disuelve
entre fantasmal, intangible e irreal niebla.
Te llama, te habla, tus labios permanecen mudos.
Sus manos tiemblan, tendidas a ti, suplicantes,
y su corazón se desboca,
gana al tiempo en su ritmo,
porque no te encuentran, y estás cerca... mas distante.

Sus ojos, cerrados, están despiertos,
buscando en la nada las líneas de tu cuerpo.

De pronto, apareces y le rechazas
entre risotadas que escupen total desprecio.
Tras de ti se cierran todas las puertas,
con portazos ensordecedores que revientan
sus tímpanos, y te busca entre chinescas sombras.

Danzas malditas, confusión.

La luz se desvanece.
Crece el silencio, que lo invade todo.
Resbala su alma, se hunde en un foso sin principio,
sin fin. Todo es tiniebla,

pegada a su piel, mojada,
como otra piel a su piel, que no siente
suya, ni cercana, ni de su amada.

Flota en un aire denso,
tropieza, gira su cuerpo,
ovillo ingrávido, avanza, retrocede, bota,
se aleja de si mismo.

Se ve minúsculo, apenas nada, enteramente
nada. Levita, cae.
Sudor frío, suelta una carcajada,
su estruendo le desplaza, le quema, le hiere. Vuelve
a caer, choca de una a otra pared, la escala,
cual frío reptil, se deja las uñas, la piel

Grita un nombre, no sabe de quién. Implora, ríe,
llora, vive, muere, no sabe por qué. No sabe
nada, nada, nada...

ELLA NO ESTÁ

Allí, tumbado en la cama, desnudo, abrazado
a la almohada.
Las ventanas le arrojan
los ruidos de fuera.
No sabe qué día y hora es,
ni tampoco le importa; ella no está.

Cae la noche, la oscuridad lo invade todo,
también su mente.
Y su nombre, el nombre de ella,
desaparece,
desaparecen sus labios,
su húmeda boca, su acogedora piel, los besos,
en su piel impresos...
«Desapareces toda tú».

Hecho un ovillo, tembloroso, deshilvanado,
da vueltas y más vueltas
entre las húmedas sábanas,
mojadas por sus lágrimas.
Todo es tiniebla; todo es nada.

Amanece, ella no está.
¡Malditas palabras!

¿Puede matar la mente?
Prueba con toda su fuerza:
hace por no respirar
se engrosan sus venas,
su cuello se enerva,
su cuerpo levita,
casi hasta tocar el techo…
Más fuerza; su corazón se acelera,
sus ojos deambulan locos, salidos de órbita,
buscan lo que no encuentran.
Sus brazos se tensan, sus manos
levantan el gran peso
que su alma alberga.
Más, más alto. Su cuerpo tiembla;
él desespera…

Quizá lo consiga, insiste; su rostro
se desencaja. Las venas arrastran
veneno que su corazón bombea; insiste…
Mas la mente no mata…

SIGUES SIENDO IGUAL

Después del tiempo transcurrido,
ya no tienes aquel bello rostro ni aquel talle
que, tan a la disposición, todos deseaban
enlazar a sus brazos.

Tampoco tus ojos tienen, aunque su destello
aún perdure, aquel contorno liso,
y tus ojeras se han quedado con un color
nazareno, casi muerto.

Tu boca y tus labios, en ejercicio perpetuo,
sobrevivientes al naufragio,
aún invitan a albergar en ellos
lances de amor.

Sigues siendo igual de caprichosa, cariñosa
y generosa con tu cuerpo
y los de los demás.
Nunca te acaban de saciar, recibes
siempre menos que das.

Te sabes, te llaman, tonta
y otras cosas. Y... ¡Qué más da!
te da exactamente igual,
al menos, aunque sea por muy breves momentos,
evitas la soledad total.

AMOR CADUCO

El amor es un templo,
en él solo su imagen.
Devoto fue de ese templo
y el tiempo le arrojó de él.

Ya no le llegan sus besos,
su abrazo ya no es húmedo,
y sus palabras no logran
su sonreir de entonces...

Ese amor caduco,
que les hiere y les mata,
les aleja y les anula,
les enfrenta y les afrenta,
les rebaja, les denigra,
no es pesadilla pasajera,
no tiene solución, no tiene cura.

A la locura ha de llevarles,
les lleva a un infierno en vida,
sin olvido, imposible salvación.

TAL VEZ MAÑANA, QUIZÁ, LO HAGA

Tal vez mañana, quizá, lo haga,
andar el polvo, amigo, de todos los caminos,
sonreír a los espejos
que poseyeron tu rostro,
hacer un guiño a las estrellas,
a las que rogaste un deseo,
recorrer con mi mano el lomo de aquel buen perro
que lamió tu cara,
acunar, en el cuenco de mis manos,
la espuma del mar que arrulló tu cuerpo,
visitar, de nuevo, aquel lecho
que acogió nuestros encuentros.
Tal vez mañana, quizá, volverá tu sonrisa
a acariciar la mía.

DEMASIADO TARDE

Viernes 10 de Abril, de 2020

Por ella sentía pena,
con él mismo
no se mostraba compasivo.
Famélicos de amor, casados
sin boda ni testigos.
Ella bonita, ingenua, caprichosa,
díscola y muy coqueta.

Han pasado los años.
Y ¿qué del tiempo vivido en común,
juntos, distantes, tan distintos?

Por fin se han conocido,
noche a noche, Domingo
a Domingo, de juergas,
bailes y cartones de bingo.

Sus carnes, lacias, colgando,
sus cabellos encanecidos,
sus ojos cansados, llorosos
de volutas de humo...
y porque en amor no han vivido

CAPRICHOS O SUEÑOS INSATISFECHOS

Noche tras noche caes en lo mismo,
la misma escena, tan real y tan deseada
siendo tú el protagonista.
Pero, de pronto, una ligera bruma
la disipa, y tú desesperas.
Corres, buscas, tropiezas,
miras al espejo, ves una imagen,
no la reconoces mas quisieras retenerla
pero se aleja, otra dimensión, oyes
una carcajada, gimes, el dolor
te hiere... Crees morir sin conseguirlo,
te aterra perderlo, otra noche más...
Pereces, todo es oscuro, silencio...
Dudas, no sabes nada.
Un féretro vacío llega a mi cama, llamas
devoradoras buscan su carnaza.

Despierto, siento náuseas...
Te alejas, desesperas.

LO DUDO

Dudo del sabor a novedoso de tus besos,
Del rubor de tu rostro entregado al frío espejo
Del temblor de tu cuerpo —de gorrión asustado
ante la caída del rayo— adosado al mío,
deslizando miel piel contra tu piel,
descontroladas y húmedas.
Todo lo dudo, y es que lo dudo todo, como
la presencia de una lagartija en el musgoso
muro, salpicado por el haz de luz de luna,
en esta hora bruja, a quince grados bajo cero.

ÍNDICE

II. Cuando el amor acaba

Acabose de imprimir esta
primera edición de
EN EL AMOR TODO ES POSIBLE,
TAMBIÉN EN EL DESAMOR,
de JORGE TORRES DAUDET,
el día 13 de junio de 2024,
aniversario del nacimiento
de FERNANDO PESSOA

Por eso escribo en medio
de lo que no está en pie,
libre ya desde mi atadura,
serio de lo que no lo es.
¿Sentir? ¡Sienta quien lee!

LAUS DEO